HISTORIETAS JUVENILES: MISTERIOS™

ATLÁNTIDA

El misterio de la ciudad perdida

Jack DeMolay

Traducción al español:
José María Obregón

PowerKiDS press & **Editorial Buenas Letras**™

New York

Published in 2009 by The Rosen Publishing Group, Inc.
29 East 21st Street, New York, NY 10010

Copyright 2009 by the Rosen Publishing Group, Inc.

First Edition

Editor: Joanne Randolph
Book Design: Ginny Chu
Illustrations: Q2A

Library of Congress Cataloging-in-Publication Data

DeMolay, Jack.
    [Atlantis : the mystery of the lost city. Spanish]
    Atlántida / Jack DeMolay ; traducción al español, José María Obregón. – 1st ed.
        p. cm. – (Historietas juveniles, misterios)
    Includes index.
    ISBN 978-1-4358-2534-5 (library binding)
    1. Atlantis (Legendary place)–Juvenile literature. I. Title.
    GN751.D384 2009
    398.23'4–dc22
                                                                    2008010145

Manufactured in the United States of America

Contenido

ATLÁNTIDA:
EL MISTERIO DE LA CIUDAD PERDIDA

¿CONOCES LA **LEYENDA** DE ATLÁNTIDA, LA CIUDAD PERDIDA? TÚ ¿QUÉ PIENSAS? ¿CREES QUE ESTA HISTORIA SEA VERDAD? ¿SERÁ CIERTO QUE ERA UNA DE LAS MEJORES CIUDADES QUE JAMÁS HAYAN EXISTIDO?

¿CÓMO ES QUE DESAPARECIÓ EN EL FONDO DEL MAR? Y AÚN MÁS IMPORTANTE ¿DÓNDE SE HABRÍA LOCALIZADO ESTA CIUDAD?

PLATÓN DESCRIBE LA ATLÁNTIDA COMO UNA SOCIEDAD ANTIGUA CON UNA **TECNOLOGÍA** MUY AVANZADA.

PARA ENTENDER CÓMO Y POR QUÉ LA ATLÁNTIDA SE HUNDIÓ EN EL FONDO DEL OCÉANO, ES IMPORTANTE SABER UN POCO MÁS ACERCA DE ESTA CIUDAD.

PLATÓN NOS DICE QUE LA ATLÁNTIDA FUE CREADA POR POSEIDÓN, EL PODEROSO DIOS DE LOS MARES.

¡CREARÉ LA MÁS FABULOSA DE TODAS LAS CIUDADES!

LA CIUDAD QUE CREÓ POSEIDÓN ERA UN BELLO LUGAR RODEADO DE CANALES.

PLATÓN NOS DICE QUE LA ATLÁNTIDA CONTABA CON TALENTOSOS **ARQUITECTOS** QUE CONSTRUYERON FANTÁSTICOS TEMPLOS, PALACIOS Y OTROS EDIFICIOS.

LOS ARQUITECTOS CREARON TAMBIÉN UN **COMPLICADO** SISTEMA DE CANALES QUE INCLUÍA MUELLES Y BAHÍAS .

CONSTRUYERON FUENTES CON AGUA FRÍA Y CALIENTE.

Y TODO ESTO SUCEDIÓ HACE MÁS DE 12,000 AÑOS.

POSEIDÓN Y SU ESPOSA TUVIERON 10 HIJOS. CADA UNO DE LOS HIJOS GOBERNABA UNA ZONA DISTINTA EN EL REINO DE SUS PADRES.

POR MUCHOS AÑOS, LA ATLÁNTIDA VIVIÓ EN PAZ.

PERO UN DÍA, LOS HIJOS DE POSEIDÓN COMENZARON A PELEAR. CADA HERMANO PENSABA QUE EL OTRO TENÍA UNA MEJOR ZONA DEL REINO. TODOS QUERÍAN MÁS TERRITORIO.

¡ESTE REINO SERÁ MÍO!

ESTAS PELEAS HICIERON ENOJAR A ZEUS, EL MÁS GRANDE DE LOS DIOSES DE GRECIA.

¡LOS **MORTALES** DEBEN APRENDER A VIVIR EN PAZ!

ZEUS SE REUNIÓ CON TODOS LOS DIOSES. JUNTOS DECIDIRÍAN CÓMO **CASTIGAR** A LOS HIJOS DE POSEIDÓN POR SUS PELEAS.

¡LA FURIA DE LOS DIOSES CAERÁ SOBRE LA ATLÁNTIDA! ¡COMO CASTIGO, DESTRUIRÉ LA CIUDAD!

AQUÍ TERMINA LA HISTORIA DE PLATÓN.

LO SIENTO, AMIGOS, ESTO ES TODO LO QUE PUEDO DECIRLES.

POR SIGLOS, LOS **CIENTÍFICOS** HAN TRATADO DE AVERIGUAR QUÉ PASÓ CON LA ATLÁNTIDA. LA MAYORÍA DE ESTOS CIENTÍFICOS ESTÁN DE ACUERDO EN DOS COSAS:

LA ATLÁNTIDA FUE DESTRUÍDA POR ENORMES OLAS.

NADIE SOBREVIVIÓ A LA FURIA DEL OCÉANO.

PERO EL MISTERIO MÁS GRANDE NO ES CÓMO FUE DESTRUÍDA LA ATLÁNTIDA, O SI ACASO ALGUNA VEZ EXISTIÓ.

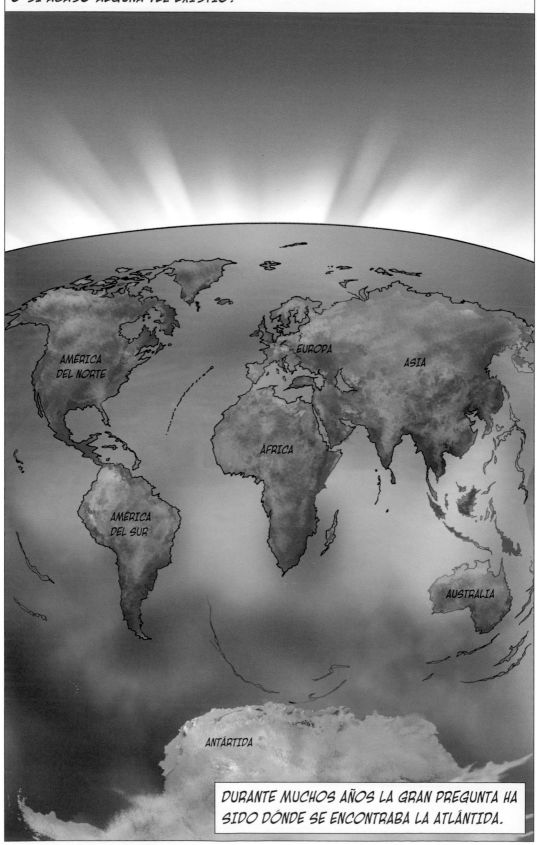

DURANTE MUCHOS AÑOS LA GRAN PREGUNTA HA SIDO DÓNDE SE ENCONTRABA LA ATLÁNTIDA.

PLATÓN NOS DA UNA PISTA.

HACE 9,000 AÑOS EXISTIÓ UN PODEROSO REINO. SE ENCONTRABA EN EL OCÉANO, AL OESTE DE LOS PILARES DE HÉRCULES.

LA MAYORÍA DE LOS CIENTÍFICOS CREEN QUE LOS PILARES DE HÉRCULES SON LAS MONTAÑAS QUE FORMAN EL **ESTRECHO** DE GIBRALTAR.

ESPAÑA

OCÉANO ATLÁNTICO

ESTRECHO DE GIBRALTAR

MAR MEDITERRÁNEO

MARRUECOS (ÁFRICA)

ESTO SIGNIFICA QUE LA ATLÁNTIDA HABRÍA ESTADO EN ALGÚN LUGAR AL OESTE DEL MAR MEDITERRÁNEO, EN EL OCÉANO ATLÁNTICO.

MUCHOS CIENTÍFICOS PIENSAN QUE LAS ISLAS AZORES SON LOS RESTOS DE LO QUE FUE LA ATLÁNTIDA.

CREEN QUE LAS AZORES SON LAS CIMAS DE LAS MONTAÑAS DE LA ATLÁNTIDA Y QUE ESTAS MONTAÑAS SE ENCUENTRAN HOY BAJO EL AGUA.

SIN EMBARGO, **ESTUDIOS** DEL FONDO DEL OCÉANO EN ESTA ZONA NO HAN MOSTRADO SEÑAL ALGUNA DE EDIFICIOS SUMERGIDOS.

OTROS CIENTÍFICOS CREEN QUE LA ATLÁNTIDA NO SE ENCONTRABA AL OESTE DE LOS PILARES DE HÉRCULES SINO AL ESTE.

ADEMÁS, PIENSAN QUE LA ATLÁNTIDA DESAPARECIÓ 900 AÑOS ANTES DE LA ÉPOCA DE PLATÓN Y NO 9,000 AÑOS.

ESTOS CIENTÍFICOS CREEN QUE QUIZÁS LA ATLÁNTIDA FUE LA ISLA DE CRETA.

ACTUALMENTE LA ISLA DE CRETA PERTENECE A GRECIA.

CRETA SE ENCUENTRA AL SUR DE GRECIA, EN EL MAR MEDITERRÁNEO.

NOVECIENTOS AÑOS ANTES DE PLATÓN, CRETA ERA EL CENTRO DE LA **CIVILIZACIÓN MINOICA**.

LA SOCIEDAD MINOICA ERA MUY AVANZADA. TAL Y COMO SUCEDIÓ EN LA ATLÁNTIDA, LOS MINOICOS CREARON ARTE Y MAGNÍFICOS EDIFICIOS.

COMO EN LA ATLÁNTIDA, LOS MINOICOS CONTABAN CON UN AVANZADO SISTEMA **HIDRÁULICO** Y UNA PODEROSA ARMADA.

LOS MINOICOS DISFRUTABAN DE CEREMONIAS CON TOROS, AL IGUAL QUE LA POBLACIÓN DE LA ATLÁNTIDA.

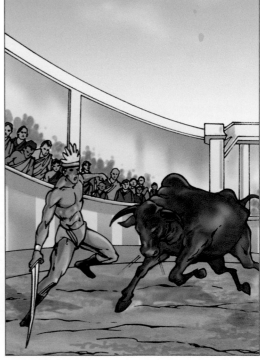

LA MAYORÍA DE LOS CIENTÍFICOS CREEN QUE LA CIVILIZACIÓN MINOICA ACABÓ CON UNA **ERUPCIÓN VOLCÁNICA** CERCA DE LA ISLA DE SANTORINI.

SE CREE QUE ÉSTA HA SIDO UNA DE LAS ERUPCIONES MÁS PODEROSAS DE LA HISTORIA.

SE DICE QUE EL VOLCÁN CREÓ UN ENORME OLA. LOS CIENTÍFICOS CREEN QUE ESTA OLA DESTRUYÓ LA ISLA DE CRETA Y ACABÓ CON LA CIVILIZACIÓN MINOICA.

¿SERÁ POSIBLE QUE CRETA Y LA ATLÁNTIDA HAYAN SIDO EL MISMO LUGAR? PODRÍA SER, SI PLATÓN HUBIERA COMETIDO UN ERROR.

PERO, ¿Y SI PLATÓN HUBIERA TENIDO RAZÓN?

LA LISTA DE LUGARES DONDE SE PODRÍA HABER ENCONTRADO LA ATLÁNTIDA CRECE AÑO CON AÑO.

ACTUALMENTE SE CREE QUE LA ATLÁNTIDA PODRÍA HABER ESTADO EN ESPAÑA, LAS BERMUDAS, NUEVA ZELANDA, PERÚ, TURQUÍA O CUBA.

HOY, PARECE SER QUE LA MAYORÍA DE LOS CIENTÍFICOS ESTÁN DE ACUERDO QUE LA ATLÁNTIDA SE LOCALIZABA EN CUBA.

ALGUNOS EDIFICIOS HAN SIDO DESCUBIERTOS EN EL FONDO DEL MAR, CERCA DE LAS COSTAS DE CUBA.

EL GOBIERNO DE CUBA NO HA PERMITIDO INVESTIGAR ESTAS CONSTRUCCIONES.

LO QUE SIGNIFICA QUE EXISTEN MUCHAS PREGUNTAS SIN RESPUESTA.

NO IMPORTA DÓNDE SE HAYA ENCONTRADO, LA ATLÁNTIDA SIEMPRE SERÁ TEMA DE DISCUSIÓN.

LAS HISTORIAS DE ESTA MISTERIOSA CIUDAD LLENARÁN POR SIEMPRE LOS **ESTANTES** DE LAS LIBRERÍAS.

LA IDEA DE UNA CIUDAD PERFECTA, PERDIDA EN EL FONDO DEL OCÉANO PERMANECERÁ POR SIEMPRE EN NUESTRA IMAGINACIÓN.

¿EXISTIRÁ ALGUNA PRUEBA DE LA ATLÁNTIDA EN EL FONDO DEL OCÉANO ESPERANDO SER DESCUBIERTA?

HASTA ESE DÍA, LA BÚSQUEDA POR LA VERDAD CONTINUARÁ.

FIN

¡Sabías que...!

- De acuerdo a Platón los agricultores de la Atlántida sembraban su comida en un campo un poco más grande que el estado de Oklahoma.

- En griego, Atlántida significa "Isla de Atlas". Atlas fue el hijo mayor de Poseidón.

- Edgar Cayce, investigador de la Atlántida, creía que la Atlántida tenía aeroplanos y barcos que recibían combustible por medio de un cristal misterioso.

- Edgar Cayce era conocido como "el profeta durmiente" porque muchas de sus ideas sobre la Atlántida le llegaban durante sus sueños.

- J.R.R. Tolkien incluye elementos de la Atlántida en la historia de su libro *El Silmarillion*.

Glosario

arquitectos (los) Personas que se dedican a la construcción de edificios y otras obras.

castigar Aplicar una pena o causar dolor a alguien por haber cometido un crimen.

científicos (los) Personas que saben mucho sobre uno o varios temas.

civilización minoica (la) Sociedad de la isla de Creta, en el mar Egeo, que vivió del año 3000 a.C. a 1450 a.C.

complicado Difícil de entender.

erupción volcánica (la) Cuando la lava escapa por una abertura de la Tierra.

estantes (los) Lugar donde se colocan los libros.

estrecho (el) Porción angosta de mar que separa dos masas de tierra.

estudios (los) Trabajos en los que se investiga un asunto.

hidráulico Sistema para aprovechar las aguas.

leyenda (la) Una historia, narrada a través de los años, que no puede ser comprobada.

mortales (los) Seres humanos.

tecnología (la) La manera en la que las personas realizan una tarea usando herramientas. También, las herramientas que se usan para realizar tareas.

Índice

Sitios Web

Debido a los constantes cambios en los enlaces de Internet, Rosen Publishing Group, Inc. mantiene una lista de sitios en la red relacionados con el tema de este libro. Esta lista se actualiza ...mente y puede ser consultada en el siguiente enlace:
...erkidslinks.com/jgm/atlantis/